Dieses Buch gehört:

WAS IST WAS Erstes LESEN

Christina Braun

Raubkatzen

TESSLOFF

Hallo!

Ich bin Lia, die Leopardin.
Ich lebe mit meiner Familie
in Afrika, aber ich habe
auf der ganzen Welt Verwandte.
Vielleicht wohnt ein Stubentiger
sogar bei dir zu Hause?
Wir Katzen haben viel gemeinsam
und doch sind wir ganz unterschiedlich.
Komm mit, ich zeige dir
die vielfältige Welt der großen
und kleinen Katzen!

Inhalt

Was sind Raubkatzen?

Der scheue Nebelparder gehört zu den Großkatzen.

Eine wilde Familie

Auf leisen Pfoten pirschen sie durch Wälder,
Wiesen, Steppen und über Berge.
Die Ohren sind gespitzt,
während sie aufmerksam
die nähere Umgebung absuchen.
Katzen sind wahre Meister
im Anschleichen und Jagen.

Raubkatzen leben überall auf der Welt –
außer in Australien, der Arktis
und der Antarktis.
Die rund 40 verschiedenen Katzenarten
sind sehr unterschiedlich.
Doch alle haben
einen gemeinsamen Urahn,
der vor 25 Millionen Jahren lebte.

Echte Räuber

Zur Familie der Katzen gehören
unsere Hauskatzen und ihre wilden Verwandten,
die Raubkatzen.
Diese unterteilt man
in Groß- und Kleinkatzen.

Die Unterteilung hat nichts
mit der Körpergröße zu tun,
sondern mit dem Zungenbein.
Das ist ein kleiner Knochen
unterhalb der Zunge.

Bei Großkatzen ist
das Zungenbein beweglich.
Deshalb können sie brüllen.
Löwe, Tiger, Jaguar, Leopard
und Nebelparder gehören dazu.
Obwohl Geparden und Pumas groß sind,
zählen sie zu den Kleinkatzen.
Sie können nicht brüllen.

Der Karakal
ist eine Kleinkatze.

Der Körper eines Jägers

Katzen sind wahre Supersportler.
Sie haben kräftige Muskeln
und können weit springen.
Die meisten Katzen können schwimmen.
Sie sind aber wasserscheu
und gehen selten ins Wasser.

Der Schwanz

Er hilft, beim Klettern
und Balancieren
das Gleichgewicht zu halten.
An der Haltung des Schwanzes
erkennt man die Gefühle
der Katze:
Ist sie angespannt
oder freundlich?

Die Krallen

Zum Klettern und Jagen
haben Katzen scharfe Krallen.
Wenn das Tier läuft,
sind diese eingezogen.
Die Krallen würden sich sonst
abnutzen und beim Laufen
zu hören sein.

Das Fell

Mit ihrem Fell tarnt sich die Katze. Jede Art hat ein besonderes Fell und eine einzigartige Farbe.

Die Tasthaare

Die Tasthaare an den Vorderpfoten und am Kopf helfen vor allem nachts, wenn sich das Tier an seine Beute heranpirscht.

Das Gebiss

Alle Katzen haben ein echtes Raubtiergebiss mit spitzen Zähnen. Mit ihren langen Eckzähnen packen sie die Beute.

Zehengänger

Eine Katze bewegt sich fast mühelos. Anders als der Mensch läuft sie nicht auf der ganzen Sohle, sondern nur auf den Zehen.

Vorderpfoten

Wendig und gelenkig

Der Körperbau aller Raubkatzen gleicht sich.
Sie haben einen rundlichen Kopf
und einen kurzen Hals.
Der Körper ist lang
und endet mit dem Schwanz.

Katzen sind sehr biegsam und gelenkig.
Der Grund dafür ist ihr Skelett.
Die einzelnen Wirbel
sind nicht so fest miteinander verbunden
wie beim Menschen.
Daher können sich Raubkatzen gut einrollen.

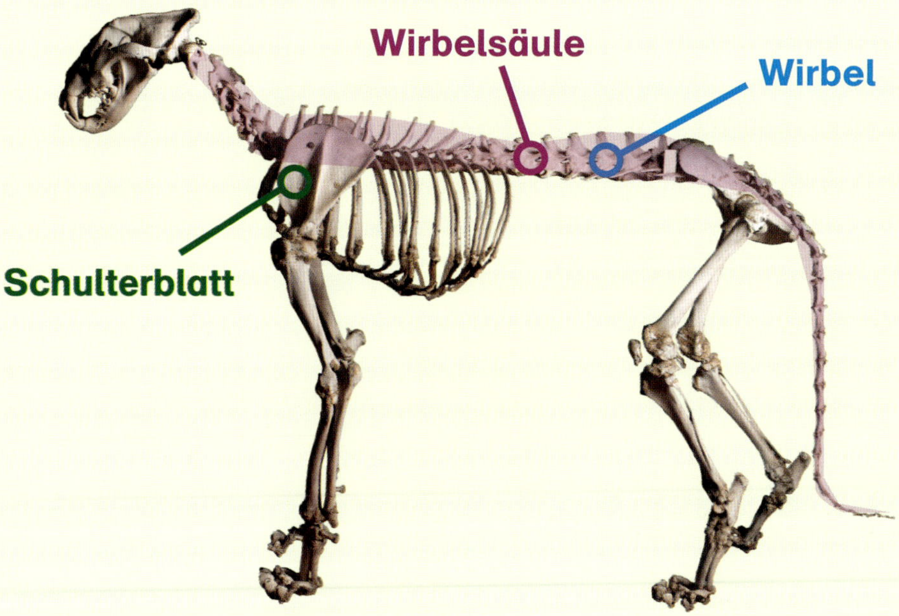

Geparden sind wendige und schnelle Jäger.

Weite Sprünge auf der Jagd

Verfolgen Raubkatzen ihre Beute,
schaffen sie Sprünge von bis zu sechs Metern.
Dank ihrer beweglichen Schulterblätter
sind Katzen sehr wendig.
Wenn eine Katze läuft,
kannst du gut erkennen,
wie sich die Schulterblätter bewegen.

Die Knochen der Raubkatze
müssen einiges aushalten.
Ein Gepard beschleunigt schnell,
bremst dann plötzlich ab
und läuft in eine andere Richtung weiter.
Bei uns Menschen würden dabei
die Knochen brechen.

Rekorde aus der Welt der Raubkatzen

Das schnellste Landsäugetier ist der **Gepard**.
Er kann innerhalb von drei Sekunden auf
etwa 100 Kilometer pro Stunde beschleunigen.
Der Gepard ist viermal schneller
als der schnellste Mann der Welt.

Die kleinste Raubkatze ist die **Rostkatze**.
Sie ist nur etwa 40 Zentimeter lang
und etwa 1,5 Kilogramm schwer.
Sie lebt im Dschungel von Sri Lanka.

Die größte Raubkatze ist der **Tiger**.
Sein Körper wird bis zu drei Meter lang.
Eine stattliche Erscheinung!

Gepard

Rostkatze

Tiger

Lias Lesequiz

1 Was können nur Großkatzen?

a) Sie können schwimmen.

b) Sie können brüllen.

c) Sie können klettern.

2 Welcher Körperteil hilft den Raubkatzen nachts beim Jagen?

a) Der Schwanz.

b) Die Zähne.

c) Die Tasthaare.

3 Welche ist die schnellste aller Katzen?

a) Der Gepard.

b) Der Tiger.

c) Der Löwe.

Lösung: 1b), 2c), 3a)

Welche Raubkatzen gibt es?

Wo leben Raubkatzen?

Raubkatzen findet man fast überall auf der Welt. Sieh dir auf dieser Karte an, wo die großen und kleinen Raubkatzen leben.

Puma
Lebensraum: westliches Nordamerika, Mittel- und Südamerika
Größe: bis zu 1,50 Meter
Gewicht: bis zu 125 Kilogramm

Luchs
Lebensraum: Nordeuropa bis Ostasien
Größe: bis zu 1,30 Meter
Gewicht: bis zu 38 Kilogramm

Jaguar
Lebensraum: Mittelamerika bis zentrales Südamerika
Größe: bis zu 2 Meter
Gewicht: bis zu 160 Kilogramm

Löwe
Lebensraum: Afrika, Südasien
Größe: bis zu 2,50 Meter
Gewicht: bis zu 250 Kilogramm

Schneeleopard
Lebensraum: Zentral-, Süd- und Ostasien
Größe: bis zu 1,30 Meter
Gewicht: bis zu 75 Kilogramm

Leopard
Lebensraum: Asien und Afrika
Größe: bis zu 1,60 Meter
Gewicht: bis zu 90 Kilogramm

Tiger
Lebensraum: Süd- und Ostasien
Größe: bis zu 3,50 Meter
Gewicht: bis zu 310 Kilogramm

Nebelparder
Lebensraum: Südostasien
Größe: bis zu 1 Meter
Gewicht: bis zu 20 Kilogramm

Gepard
Lebensraum: Afrika, Westasien
Größe: bis zu 1,50 Meter
Gewicht: bis zu 72 Kilogramm

Der Tiger

Die größte Katze der Welt
ist mit ihren Streifen
im Unterholz perfekt getarnt.

Meist versteckt sich der Tiger
in der Nähe eines Gewässers
und lauert auf seine Beute.
Wenn ein Wildschwein oder ein Hirsch
zum Trinken ans Wasser kommt,
springt der Tiger aus seiner Deckung hervor.
Mit einem gezielten Biss erlegt er seine Beute.

Tiger sind Waldtiere.
Nachts gehen die
Einzelgänger auf
die Jagd.

Tiger

Ein guter Schwimmer

Der Tiger hat breite Pfoten,
mit denen er sehr gut schwimmen kann.
Er ist eine der wenigen Katzenarten,
die gerne ins Wasser gehen.

Auch an Land bewegt er sich schnell fort.
Der Tiger kann eine Geschwindigkeit
von bis zu 60 Kilometern pro Stunde erreichen.

Hast du gewusst ...

... dass die meisten Beutetiere
des Tigers rot-grün-blind sind?
Für sie sieht das rötliche Fell
grünlich aus.
Dadurch ist der Tiger im Dschungel
perfekt getarnt.

Dieser Löwe
hat alles im Blick.

Der Löwe

Er wird auch der König der Tiere genannt. Majestätisch schreitet er durch die Steppe. Sein helles Fell ist vom sandigen Boden kaum zu unterscheiden.

Löwen sind richtige Langschläfer. Da sie keine Feinde haben, müssen sie nicht wachsam sein. Sie dösen bis zu 20 Stunden am Tag.

Herrscher mit Mähne

Das Löwenmännchen ist die einzige Katze, die eine Mähne besitzt. Bei Kämpfen schützt sie vor den Zähnen und Krallen der anderen Männchen.

Eine üppige Mähne beeindruckt die Löwenweibchen.

Kluge Katzen

Löwen zählen zu den klügsten Katzen. Sie lernen durch Beobachten voneinander. Ist ein Verhalten erfolgreich, ahmen es andere Löwen nach.

Hast du gewusst ...

... dass Forscher Löwen anhand der Schnurrhaare unterscheiden können? Jedes Tier hat sein eigenes Haarmuster. Das macht es unverwechselbar.

Das Rudelverhalten von Löwen

Löwen sind die einzigen Raubkatzen, die in einem Rudel zusammenleben. Zwei bis drei Männchen herrschen über mehrere Weibchen und deren Jungtiere.

Die Aufgaben im Löwenrudel sind klar verteilt. Die Männchen verteidigen das Revier. Die Weibchen gehen auf die Jagd.

In der heißen Mittagszeit ruht das Rudel. Löwen dösen fast den ganzen Tag.

Die Löwinnen kümmern sich
um die Jungen,
bevor sie am frühen Abend
auf die Jagd gehen.

Löwinnen greifen ihre Beute
aus verschiedenen Richtungen an.
Mit schnellen und langen Sprüngen
reißen sie das Tier zu Boden.

Von der Beute fressen
die Männchen zuerst.
Erst wenn sie satt sind,
kommt der Rest
des Rudels an die Reihe.

Im Regenwald fühlt der Jaguar sich wohl.

Der Jaguar

Die drittgrößte Raubkatze der Welt
lebt im Regenwald am Amazonas.
Sein Fell ist goldgelb,
die Bauchunterseite ist weiß.
Die Flecken sind ringförmig
mit einem Punkt in der Mitte.

Eine besondere Fellfärbung
hat der schwarze Panther.
In Wirklichkeit ist es ein Jaguar
mit fast schwarzem Fell.

Bei Sonnenlicht kann man die Flecken des Jaguars erkennen.

Er jagt fast alles

Der Jaguar ist ein Einzelgänger.
Er braucht ein sehr großes Revier.
Konkurrenten vertreibt er.
Am liebsten geht er
im Schutz der Dunkelheit auf die Jagd.

Bei der Wahl seiner Beute
ist der Jaguar nicht wählerisch.
Neben Vögeln und Hirschen
jagt der gute Schwimmer
auch Fische oder kleine Krokodile.
Mit seinem starken Gebiss kann er sogar
den Panzer von Schildkröten knacken.

Tapir

Auch Gürteltiere und Tapire stehen auf dem Speiseplan des Jaguars.

Gürteltier

Die Flecken des Leoparden sehen je nach Region ein wenig anders aus.

Der Leopard

Der Leopard lebt in Wäldern
und der Savanne.
Manchmal hält er sich auch
in der Nähe von Städten auf.

Er frisst Vögel und Insekten,
erlegt aber auch größere Tiere.
Lautlos schleicht er sich an.
Seine Beute tötet er
mit einem kräftigen Biss in den Nacken.
Um ungestört fressen zu können,
schleppt der Leopard das erlegte Tier
hoch in einen Baum.

Der gute Kletterer versteckt seine Beute häufig auf Bäumen.

Mit seinem grauweißen Fell
ist der Schneeleopard
sehr gut getarnt.

Der Schneeleopard

Die bedrohte Raubkatze
lebt in den Bergen Zentralasiens.

An das Leben auf bis zu 6000 Metern Höhe
ist der Schneeleopard sehr gut angepasst.
Sein dichtes Fell wärmt ihn.
Große Pfoten sorgen dafür,
dass er im Schnee nicht einsinkt.
Beim Schlafen legt er seinen buschigen Schwanz
wie eine Art Schal um sich.

Der scheue Nebelparder lebt in den Regenwäldern Asiens.

Der Nebelparder

Meist findet man den Nebelparder
hoch oben in den Bäumen.
Im dichten Laub ist er kaum zu erkennen.
So ist er für die Jagd gut getarnt
und kann sich vor seinen Feinden verstecken.

In den Bäumen lauert er auf seine Beute,
zum Beispiel Affen oder Vögel.
Aber auch Nagetiere, Hirsche
oder Wildschweine schmecken ihm gut.

Orang-Utan

Wildschwein

Hirsch

Der Nebelparder wird auch Baumtiger genannt.

Ein Kletterkünstler

Der hervorragende Kletterer kann sich sogar an der Unterseite von Ästen entlanghangeln. Baumstämme klettert der Nebelparder kopfüber hinab.

So kann er mit seinen Vorderpfoten nach Beute schnappen, während er sich mit den Krallen der Hinterbeine am Baum festhält.

Der Gepard

Die schnellste Katze der Welt
ist auf die Jagd spezialisiert.
Sein Körper ist leicht und schlank.
Mit seinen langen, muskulösen Beinen
kann der Gepard
in kurzer Zeit beschleunigen.

Der Gepard ist sehr wendig.
Sein langer Schwanz hilft ihm dabei,
nicht das Gleichgewicht zu verlieren.
Er ist die einzige Katze,
die ihre Krallen nicht einziehen kann.
Sie sorgen für zusätzlichen Halt auf der Jagd.

Das Gepardenweibchen bekommt meist zwei bis drei Jungtiere.

Mit seinem schlanken Körper
ist der Gepard
ein schneller Jäger.

In der Hitze aktiv

Geparden gehen in der Mittagszeit
auf die Jagd.
Dann halten andere Raubtiere
wie Löwen oder Hyänen Mittagsruhe.
So kann sich der Gepard sicher sein,
dass er seine Beute nicht teilen muss.

Junge Männchen leben
in kleineren Gruppen
zusammen.

Der Puma gehört zu den Kleinkatzen – obwohl er größer ist als manche Großkatze.

Der Puma

Der Puma hat viele verschiedene Namen.
Man nennt ihn Berglöwe, Silberlöwe
oder Kuguar.
Der Einzelgänger ist sehr anpassungsfähig.
Er lebt in der Prärie, in Wäldern,
Halbwüsten und im Hochgebirge.
Sein Lebensraum ist Amerika.

Der Puma klettert auf Bäume,
um sich vor Feinden
in Sicherheit zu bringen.

Die kräftige Katze ist ein sehr guter Kletterer.
Aus dem Stand kann der Puma
bis zu fünf Meter hoch springen.
Auf kürzeren Strecken
erreicht er Geschwindigkeiten
von bis zu 70 Kilometern pro Stunde.

Bei der Nahrungssuche
ist der Puma nicht wählerisch.
Er frisst alles: von der Maus bis zum Elch.

Der Serval

Die Heimat des Servals
liegt in Afrika südlich der Sahara.
Das scheue Tier jagt
Nager und kleinere Vögel.
Der Serval schleicht sich an seine Beute
bis auf wenige Meter heran.
Dann fängt er sie mit einem hohen Sprung.

Der Serval hat besonders große Ohren.
Sie helfen ihm bei der Jagd,
denn damit kann er seine Beute orten.

Mit einem riesigen Satz
fängt der Serval seine Beute.
Er schafft aus dem Stand
vier Meter hohe Sprünge.

Karakale sind Einzelgänger.
Jungtiere bleiben etwa
zehn Monate bei der Mutter.

Der Karakal

Der Karakal bewohnt vor allem Halbwüsten, Grasland und Steppen.
Nachts geht er auf die Jagd nach Mäusen, Hasen und Vögeln.
Er kann bis zu drei Meter hoch springen.
Vögel schlägt er während des Flugs mit seiner Tatze.
Auch Schlangen und Frösche stehen auf seinem Speiseplan.

Die langen Ohrpinsel
sind wie Antennen.
Sie fangen auch Geräusche
in weiter Entfernung ein.

Raubkatzen in Europa

Auch in Europa leben Raubkatzen.
Sie sind meist sehr scheu.
Menschen bekommen sie selten zu Gesicht.

Der Luchs

Der Luchs ist die größte Katze Europas.
In Deutschland war er lange Zeit ausgerottet.
Heute gibt es wieder einzelne Tiere
in freier Wildbahn.
Der Luchs jagt in der Dämmerung.
Er ernährt sich von Rehen und Hirschen,
frisst aber auch Hasen oder Mäuse.

Der Luchs
hat auffällige Pinsel
an seinen Ohren.
Damit nimmt er
Geräusche wahr.

Die scheue Wildkatze
ist eng mit unserer
Hauskatze verwandt.

Eine Katze im Wald

Die Europäische Wildkatze
wird auch Waldkatze genannt.
Sie sieht unserer Hauskatze sehr ähnlich.

Der scheue Waldbewohner
schläft tagsüber in hohlen Baumstämmen.
Nachts jagt die Wildkatze
Mäuse, Eidechsen und sogar Kaninchen.

In Laubwäldern
fühlt sich
die Wildkatze wohl.

Unterschiedlich groß

Raubkatzen gibt es
in den unterschiedlichsten Größen.
Sieh dir an, wie groß die Katzen
im Vergleich sind.

Tiger	bis zu 3,50 Meter	
Löwe	bis zu 2,50 Meter	
Jaguar	bis zu 2 Meter	
Leopard	bis zu 1,60 Meter	
Puma	bis zu 1,50 Meter	
Gepard	bis zu 1,50 Meter	
Schneeleopard	bis zu 1,30 Meter	
Luchs	bis zu 1,30 Meter	
Nebelparder	bis zu 1 Meter	
Wildkatze	bis zu 0,90 Meter	
Serval	bis zu 0,85 Meter	
Karakal	bis zu 0,75 Meter	

Lias Lesequiz

1 Welche Raubkatze kann ihre Krallen nicht einziehen?

a) Der Löwe.

b) Der Gepard.

c) Der Leopard.

2 Welche Großkatze klettert am besten?

a) Der Tiger.

b) Der Jaguar.

c) Der Nebelparder.

3 Welches Merkmal hat der Karakal?

a) An seinen Ohren hat er Ohrenpinsel.

b) Sein Schwanz ist besonders buschig.

c) Unter seinen Pfoten hat er ein dickes Fell.

Lösung: 1b), 2c), 3a)

Ausgezeichnete Jäger

Jäger auf leisen Pfoten

Raubkatzen sind Schleichjäger.
Mit ihren scharfen Augen und Ohren
entdecken sie ihre Beute
schon auf größere Entfernung.
Tief auf den Boden geduckt,
schleichen sie sich an.
Wenn sie nahe genug sind,
greifen sie mit großen Sprüngen
oder einem kurzen Sprint an.

Die meisten Katzen
gehen alleine auf die Jagd.
Nur selten jagen sie im Rudel.

Von oben
lauert der Puma
seiner Beute auf.

Tief geduckt schleicht
sich der Tiger heran.

Bei Helligkeit verengen sich die Pupillen zu einem Schlitz oder Punkt.

Marmorkatze

So können Raubkatzen sehen

Die Augen der Raubkatzen
sind nach vorne ausgerichtet.
So können sie besonders gut räumlich sehen.
Das bedeutet, sie wissen genau,
wo sich ihre Beute befindet.
Farben erkennen sie nicht so gut.

Nachts sehen Katzen besonders gut.
Eine Schicht in ihrem Auge
wirkt wie ein Spiegel.
Sie leitet das Licht ein zweites Mal
auf die empfindlichen Zellen.
Diese Schicht sorgt dafür,
dass angestrahlte Katzenaugen leuchten.

Sandkatze

Weißer Tiger

Gepard

Mit ihrem feinen Geruchssinn nehmen Raubkatzen ihre Umgebung wahr.

Echte Spürnasen

Raubkatzen nehmen ihre Umgebung
mit allen Sinnen wahr.
Ihre Nase ist besonders empfindlich.
Der Geruchssinn hilft bei der Nahrungssuche.
Auch die Reviermarkierungen
anderer Katzen riechen sie.

Jede Katze hat Duftdrüsen
im Gesicht, unter dem Schwanz
und zwischen den Krallen.
Diese Drüsen geben eine Flüssigkeit ab.
Daran erkennen Raubkatzen
das Geschlecht und das Alter ihrer Artgenossen.

Bewegliche Ohren

Raubkatzen haben ein ausgezeichnetes Gehör.
Selbst das leiseste Rascheln nehmen sie wahr.
Ihre Ohren können sie
einzeln in fast alle Richtungen drehen.
So können sie Entfernungen
zu Beutetieren sehr gut einschätzen.

Wie alle Katzen
hat auch der Leopard
sehr bewegliche Ohren.

Ein feines Gespür

Katzen haben verschiedene Tasthaare.
Die auffälligsten sind die Schnurrhaare
an der Schnauze.
Aber auch über den Augen, am Kinn
und an der Rückseite der Vorderbeine
besitzen sie Tasthaare.

Katzen nehmen über die Tasthaare
Berührungen und Luftströmungen wahr.
Daneben nutzen sie die Haare,
um im Dunkeln nirgendwo anzustoßen.

Der Jaguar hat lange Tasthaare
an der Schnauze
und über den Augen.

Ozelot

Die raue Zunge dient bei der Fellpflege als Kamm.

Eine Zunge mit Haken

Auf der Oberfläche der Katzenzunge befinden sich viele kleine Häkchen. Zur Fellpflege kann die Raubkatze diese Häkchen aufstellen. Mit der rauen Zunge schabt sie auch das Fleisch vom Knochen ihrer Beute ab.

Kleine Häkchen machen die Katzenzunge so rau.

Die Körpersprache der Katzen

Raubkatzen drücken ihre Stimmung über ihre Körperhaltung aus. Sind die Ohren seitlich ausgerichtet, ist die Katze ganz entspannt.

entspannt

aggressiv

Diese Katze ist aggressiv: Ihre Ohren sind angelegt und das Maul ist weit geöffnet.

aufmerksam

Gespitzte Ohren, den Blick nach vorn gerichtet: Das Tier ist konzentriert und beobachtet etwas.

Ein leicht gehobener Schwanz zeigt: Achtung, ich passe auf!

angespannt

Lias Lesequiz

1 Warum können Katzen nachts so gut sehen?

a) Sie haben Ultraschallaugen.

b) Ihre Augen haben eine zweite Schicht. Sie wirkt wie ein Spiegel.

c) Sie haben den Röntgenblick.

2 Wie pflegen Katzen ihr Fell?

a) Mit ihrer rauen Zunge.

b) Sie baden gerne.

c) Sie bürsten sich gegenseitig.

3 Wie drücken Katzen ihre Gefühle aus?

a) Mit ihren Augen.

b) Durch lautes Brüllen.

c) Durch ihre Körperhaltung.

Lösung: 1b), 2a), 3c)

Bedrohte Tiere

Bedrohte Raubkatzen

Etwa die Hälfte aller Raubkatzenarten sind vom Aussterben bedroht. Raubkatzen benötigen viel Platz. Ihre Reviere sind riesig.

Doch der Mensch macht ihnen diesen Lebensraum streitig. Wälder werden abgeholzt. Landwirtschaft und Industrie, Städte und Dörfer brauchen Platz. Bauern bekämpfen die Raubkatzen, weil sie ihr Vieh erbeuten.

Auf der Suche nach Nahrung kommen Leoparden sogar in die Städte.

Leider ist das Fell
von Raubkatzen
bei Menschen
sehr beliebt.

Gejagte Schönheiten

Die Felle der Raubkatzen sind wunderschön
und als Pelze sehr begehrt.

In Asien wird den Knochen des Tigers
eine heilende Wirkung nachgesagt.
Daher sind die Raubkatzen
durch Wilderer gefährdet.

Heilende Kräfte haben Raubkatzen nicht.
Daher ist ihr Tod sinnlos.

In Nationalparks leben Geparde
fast wie in freier Wildbahn.

Schutz in Nationalparks

In einigen Ländern
wurden Nationalparks eingerichtet.
Das sind riesige Gebiete,
in denen Pflanzen und Tiere
streng geschützt sind.
Menschen dürfen in den Nationalpark
nicht eingreifen.

Raubkatzen und andere Wildtiere
finden hier ein sicheres Zuhause.
Die Tiere gehen auf die Jagd.
Sie werden nicht vom Menschen gefüttert.

In großen Gehegen werden die Luchse aufgezogen.

Zuchtprogramme

In vielen Ländern wird versucht,
bedrohte Tiere zu züchten.

In Spanien gibt es zum Beispiel
eine Zucht für Luchse.
Die Tiere leben in riesigen Gehegen
fast wie in freier Wildbahn.
Sie werden von Forschern
mit Kameras beobachtet.

Tiere, die alt und stark genug sind,
werden in die Wildnis entlassen.
Man nennt das auswildern.

Ein Sender liefert den Forschern Daten über das Leben des Luchses.

Zoos und Tierparks

In vielen Tierparks kann man
die seltenen Raubkatzen beobachten.
Manche Tierschützer sagen,
dass die Haltung in Gehegen
nicht artgerecht ist.
Andere meinen:
Je mehr wir über die scheuen Jäger wissen,
desto mehr setzen wir uns für ihren Schutz ein.
Daher kann ein Besuch im Tierpark
auch lehrreich sein.
Immer mehr Zoos achten darauf,
dass die Tiere genug Auslauf bekommen.

Zoos versuchen,
einen möglichst natürlichen
Lebensraum zu schaffen.

In der Stadt findet der Leopard leicht etwas zu fressen.

Schutz durch Aufklärung

Nachts kommen Leoparden
in die indische Großstadt Mumbai.
Sie sind auf der Suche nach Nahrung.
Die Bewohner der Stadt wissen,
wie sie sich schützen
und die Tiere verjagen können.
Seitdem wurden viel weniger Menschen
und Tiere verletzt.

Sag mal, Lia ...

... ich wusste ja gar nicht, dass du so viele Verwandte hast!

Das ist schon beeindruckend, oder? Jeder Verwandte bewohnt einen ganz besonders schönen Fleck der Erde und ist perfekt an diesen Lebensraum angepasst. Ich wollte ja mal bei meinem Cousin, dem Schneeleoparden, übernachten. Aber hoch oben im Gebirge ist es viel zu kalt für mich.

Machst du dir eigentlich Sorgen, dass es bald keine Raubkatzen mehr geben wird?

Ich bin schon ein bisschen besorgt. Schließlich gibt es immer mehr Menschen auf der Welt. Und die brauchen natürlich Platz.

Welche Landschaften gefallen dir besonders gut?

Da kann ich mich gar nicht entscheiden. Sehr gerne tobe ich mit meinen Freunden über die Prärie. Verstecken spielen im Dickicht des Regenwaldes ist auch ein großes Abenteuer.

Was hast du heute noch vor?

Ich werde mich mal auf die Suche nach dem Nebelparder machen.
Er muss mir unbedingt beibringen, wie man so gut klettert.
Mit dem pfeilschnellen Geparden mache ich ein wenig Lauftraining.
Dann bin ich richtig fit!

Danke, Lia!
Und viel Spaß mit deinen Freunden!

Lias großes Lesequiz

1 Warum sind Katzen so gelenkig?

a) Sie dehnen sich sehr viel.

b) Sie üben das von Kindesbeinen an.

c) Ihre Wirbelsäule ist sehr biegsam.

2 Welche ist die größte aller Raubkatzen?

a) Der Löwe.

b) Der Tiger.

c) Der Gepard.

3 Auf welchem Kontinent leben keine Raubkatzen?

a) In Afrika.

b) In Asien.

c) In der Antarktis.

Lösung: 1c), 2b), 3c)

4 Welche Katzenart ist keine Großkatze?

a) Der Gepard.

b) Der Löwe.

c) Der Jaguar.

5 Welche Eigenschaften haben fast alle Beutetiere des Tigers?

a) Sie haben ein rotes Fell.

b) Sie sind rot-grün-blind.

c) Alle beginnen mit dem Buchstaben F.

6 Warum haben Löwen eine Mähne?

a) Sie schützt vor Hitze.

b) Durch die Mähne sind sie besser getarnt.

c) Mit der Mähne beeindruckt der Löwe die Weibchen.

Lösung: 4a), 5b), 6c)

7 Welche Tiere mit schwarzem Fell bezeichnet man als Panther?

a) Löwe und Tiger.

b) Jaguar und Leopard.

c) Gepard und Nebelparder.

8 Wie wärmt sich der Schneeleopard beim Schlafen?

a) Er schläft auf Felsen.

b) Er stellt sein Fell auf.

c) Er wickelt sich den buschigen Schwanz um den Körper.

9 Welches Tier wird auch Baumtiger genannt?

a) Der Tiger.

b) Der Nebelparder.

c) Der Löwe.

Lösung: 7b), 8c), 9b)

10 Woran können Forscher Löwen unterscheiden?

a) Am Muster der Schnurrhaare.

b) An der Farbe der Pfoten.

c) An den Eckzähnen.

11 Warum jagen Geparden in der Mittagshitze?

a) Sie können mittags besser sehen.

b) So gehen sie den Löwen aus dem Weg, die Mittagsruhe halten.

c) Sie haben dann am meisten Energie.

12 Womit können Katzen ihr Fell reinigen?

a) Sie nutzen ihre Krallen.

b) Sie formen ihren Schwanz zu einem Haken.

c) Sie haben auf der Zunge Häkchen, die sie aufstellen können.

Lösung: 10a), 11b), 12c)

Bildquellennachweis

Nature Picture Library: 157o (Nayan Khanolkar); picture alliance: 4-5 (McPHOTO/blickwinkel), 23mr (M.Harvey/WILDLIFE), 25ul (Thomas Marent/ardea.com/Mary Evans Picture Library), 27o (Gerard Lacz/Anka Agency International), 28um (RICKY KRESSLEIN/Avalon.red/NHPA), 30u (ANTONIO LIEBANA/Avalon.red/NHPA), 31o (Thomas Dressler/ardea.com/Mary Evans Picture Library), 31u (Hira Punjabi/Avalon.red/NHPA), 32o (Malcolm Schuyl/FLPA/imageBROKER), 32ul (Frans Lanting), 32um (J & C Sohns/imageBROKER), 32ur (Wolfgang Jäkel/imageBROKER), 33or (R. Wittek/imageBROKER), 34ul (S. Eszterhas/WILDLIFE), 35o (Wolfram Cüppers/imageBROKER), 35ul (B. Hedges/WILDLIFE), 36u (R. Linke/blickwinkel), 37o (91070/mcphoto/united-archives), 37ul (S. Meyers/blickwinkel), 40-41 (Aditya Singh/imageBROKER), 42ul (Design Pics/Bildagentur-online), 43ol (Terry Whittaker/FLPA/imageBROKER), 43mr (Malcolm Schuyl/FLPA/imageBROKER), 52u (A. Bailey/WILDLIFE), 54ol (Jean-François Ducasse/imageBROKER), 55o (Lusa Nuno Veiga/EPA/dpa), 55ur (Ismael Herrero/EPA/dpa), 62mr (Gerard Lacz/Anka Agency International); Shutterstock: 6ol (B. Allen), 7ur (Rebius), 8-9 (Eric Isselee), 11o (Jane Rix), 12ul (Stu Porter), 12um (Felineus), 12ur (Sourabh Bharti), 14-15 (nwdph), 16 (Puma: Anan Kaewkhammul), 16 (Jaguar: Cherdchai Chaivimol), 17 (Schneeleopard: clarst5), 17 (Tiger: KAMONRAT), 17 (Schwarzer Leopard: Eric Isselee), 17 (Leopard: Eric Isselee), 17 (Gepard: Eric Isselee), 17 (Löwe: Eric Isselee), 17 (Nebelparder: Michal Sloviak), 18 (Nachaliti), 19ol (Phubadee Na Songkhla), 19ur (Pontus Edenberg), 20 (RujStudio), 21r (Vinnie Lauritsen), 21l (Borko Ciric), 22m (oNabby), 22ul (Papa Bravo), 23ol (Michael Potter11), 23u (RealityImages), 24o (Guillermo Ossa), 24u (Matt Gibson), 25um (guentermanaus), 26o (Hedrus), 26ul (Stu Porter), 28ol (Michal Sloviak), 28ul (Filip Baumruk), 28ur (lukaszemanphoto), 29ol (Jrossphoto), 29or (slowmotiongli), 34or (DSlight_photography), 34mr (alberto clemares exposito), 38 (Tiger: KAMONRAT), 38 (Gepard: Eric Isselee), 38 (Nebelparder: Michal Sloviak), 38 (Löwe: Eric Isselee), 38 (Puma: Anan Kaewkhammul), 38 (Jaguar: Iakov Filimonov), 38 (Leopard: Iakov Filimonov), 38 (Schneeleopard: Eric Isselee), 38 (Luchs: Eric Isselee), 38 (Wildkatze: Edwin Godinho), 38 (Serval: TrapezaStudio), 38 (Karakal: Eric Isselee), 42mr (Betty Shelton), 44ol (Evgeniyqw), 44or (hilton), 45mr (Mary Angela Heys), 46u (pablopicasso), 47o (Saad315), 47ur (Victor.Rotaru), 48 (entspannt: LeonP), 48 (aggressiv: Eric Isselee), 48 (aufmerksam: Johan Swanepoel), 48 (angespannt: Wonderly Imaging), 50-51 (Pedro Helder Pinheiro), 53ol (Volodymyr Burdiak), 53mr (Artsplav), 56ul (n_fransua), 56um (Jack Nevitt), 61u (RujStudio), 63mr (Stu Porter); Wikipedia: 10 (CC BY-SA 4.0/Museum of Veterinary Anatomy FMVZ USP)

Umschlagfotos: Shutterstock: U1 (Arvind Karthik), U4 (Stu Porter)

Burgschmietstraße 2 – 4
90419 Nürnberg
qualitaet@tessloff.com
www.tessloff.com

Autorin: Christina Braun
Illustratorin: Annelie Weißmann
Grafik: Annelie Weißmann
Lektorat: Inga Klingner
Bildredaktion: Susanne Wiechert
Druck: Livonia Print

ISBN 978-3-7886-7673-5

FSC www.fsc.org MIX Papier | Fördert gute Waldnutzung FSC® C002795

WAS IST WAS
Erstes LESEN
Wale und Delfine
TESSLOFF

WAS IST WAS
Erstes LESEN
Planeten
TESSLOFF

WAS IST WAS
Erstes LESEN
Vulkane
TESSLOFF

WAS IST WAS
Erstes LESEN
Natur entdecken
TESSLOFF

WAS IST WAS
Erstes LESEN
Bienen
TESSLOFF

WAS IST WAS
Erstes LESEN
Wald
TESSLOFF

WAS IST WAS
Erstes LESEN
Pferde und Ponys
TESSLOFF

WAS IST WAS
Erstes LESEN
Wetter
TESSLOFF

WAS IST WAS
Erstes LESEN
Polargebiete

WAS IST WAS
Erstes LESEN
Unsere Erde
TESSLOFF

WAS IST WAS
Erstes LESEN
Insekten
TESSLOFF

WAS IST WAS
Erstes LESEN
Ozeane
TESSLOFF

WAS IST WAS
Erstes LESEN
Dinosaurier
TESSLOFF
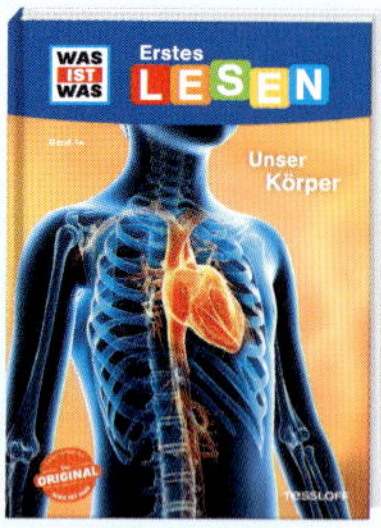
WAS IST WAS
Erstes LESEN
Unser Körper
TESSLOFF

WAS IST WAS
Erstes LESEN
Regenwald
TESSLOFF

WAS IST WAS
Erstes LESEN
Haie
TESSLOFF

WAS IST WAS
Erstes LESEN
Raubkatzen
TESSLOFF

WAS IST WAS
Erstes LESEN
Greifvögel
TESSLOFF

WAS IST WAS
Erstes LESEN
Ritter und Burgen
TESSLOFF

WAS IST WAS
Erstes LESEN
Wölfe
TESSLOFF